LETTRE DV P. NOVET IESVITE,

A MONSIEVR CLAVDE Ministre de Charenton,

SVR LE SVIET DE SA Réponse au Livre de la Presence réelle de JESVS-CHRIST dans le tres-Saint Sacrement.

A PARIS,

De l'Imprimerie de F. MUGUET, ruë de la Harpe, aux trois Rois.

1668.

Avec Privilege du Roy.

LETTRE DV P. NOÜET IESVITE,

A MONSIEVR CLAVDE, MINISTRE DE CHARENTON,

SVR LE SVIET DE SA RÉPONSE au Livre de la Presence reelle de IESVS-CHRIST dans le tres-saint Sacrement.

MONSIEVR,

Ie viens de recevoir la Réponse que vous avez faite à mon Livre de la Presence reelle de IESUS-CHRIST dans le tres-saint Sacrement; & je n'ay eu encore loisir de lire que la Preface & le premier Chapitre : Mais j'en ay eu aſſez pour voir que vous eſtes toûjours le meſme. Auſſi n'ay-je rien rabattu du jugement & de l'eſtime que j'avois conceüe de voſtre premier Ouvrage : De tout ce qui fait un bon Ecrivain, il ne vous manque rien que la verité ; & je regrette que vous ſoyez mal-heureuſement engagé dans un parti, qui prend l'ombre en quittant le corps du Seigneur, & preferant les tenebres à la lumiere.

Que ne pourriés-vous faire, ſi vous ſoûteniés une bonne cauſe, puiſque l'erreur meſme ſort de voſtre eſprit avec je ne ſçay quel éclat, qui ſeroit capable d'éblouïr ceux qui n'ont pas la veüe aſſez forte pour penetrer dans nos Myſteres ?

Vous vous inſinués d'abord avec tant d'adreſſe, & vous meſlés tant de douceur parmi vos reflexions generales, que j'ay plus de peine à me défendre de vos loüanges, que des reproches que vous me faites. Car les loüanges que vous me donnés, ne me laiſſent point de repartie ; au lieu qu'il m'eſt aiſé de ſatisfaire à vos reproches.

...ſe à la pre- ...reflexion.

1. Vous vous plaignés *que j'ay laiſſé la plus grande partie de voſtre Livre ſans y*

faire aucune réponse. Si cela estoit vray, ma faute seroit trop heureuse, pour m'en repentir. I'aurois obligé le public en vous épargnant beaucoup de travail. Combien eussions-nous esté dans l'attente; puisque ce peu, comme il vous semble, que j'ay touché, vous a occupé prés de trois ans, & vous a fourni la matiere de six Livres assez amples, & d'assez menu caractere?

Mais sans mentir, Monsieur, cette plainte me surprend, & vous ne devés pas trouver mauvais, si je l'estime peu raisonnable. Il importe autant à vous qu'à moy, que le monde en fasse le mesme jugement.

I'ay refuté au premier Livre de ma Réponse toutes les preuves que vous tirés du témoignage des sens contre la realité de nos Mysteres. I'ay renversé au second celles que vous aviés appuyées sur la raison humaine. Au troisiéme j'ay retiré de vos mains les armes que vous aviés prises dans l'Ecriture sainte, pour m'en servir avec avantage. I'ay détruit au quatriéme les dix-sept preuves que vous aviés fondées sur les passages des Peres falsifiés, ou mal entendus, & j'ay fait voir que leur témoignage ne vous estoit pas plus favorable que leur silence imaginaire. Enfin, j'ay montré au cinquiéme l'impossibilité manifeste du changement, que vous avés fait reculer, contre le sentiment de presque tous vos Confreres, jusques au dixiéme siecle, n'en trouvant plus d'autres, dont on ne l'eust déja chassé. Si cela n'est que la moindre partie de vostre Ouvrage, dites-moy, Monsieur, quelle est la plus grande? Voulés-vous donc que je vous fasse ce tort, de croire que la plus grande partie de ce que vous avés dit, est effectivement ce que vous ne deviés pas dire?

[margin: ...rt. ch. 3. page de la Réponse Perpet.] Car enfin tout ce que vous deviés alleguer pour vostre défense, est fondé, si j'ay bien retenu vos paroles, sur le témoignage des sens, *qui est la lumiere de tous les animaux*: sur le témoignage de la raison, *qui est la lumiere des hommes*: & sur le témoignage de l'Ecriture sainte, *qui est la lumiere de tous les fideles*. A quoy vous adjoûtés le témoignage des saints Peres, & le consentement de l'Eglise universelle de tous les temps. C'est là, ce me semble, la plus grande partie de ce que vous deviés dire, que j'ay amplement refutée. Si ce n'est pas la plus grande partie de ce que vous avés dit, vous ne m'en devés point donner le blâme, mais à vous-mesme. I'ay sappé les fondemens de vostre édifice; je ne devois pas m'arrester à demolir & ruïner ce qui est hors d'œuvre. I'ay coupé l'arbre par le pied & par la racine; il eust esté inutile de m'amuser au fueillage.

Vous eussiés souhaité, dites-vous, que je me fusse attaché *aux differences que vous avés mises entre la Transubstantiation & les Mysteres difficiles du Christianisme* N'en ay-je pas découvert l'illusion en prouvant par des raisons invincibles que la Transubstantiation est un Mystere également veritable & difficile, dont les sens & la raison humaine ne peuvent pas estre les Iuges.

Vous dites que j'ay couvert de mon silence la défense des premieres preuves de vostre abregé. Non, Monsieur, j'en suis bien éloigné. I'ay fait voir clairement, que vous n'en aviés point du tout; parce que de toutes les preuves que vous aviés apportées, il n'y en avoit aucune que vous n'eussiés empruntées des Zuingliens ou des Lutheriens, & qu'il ne falloit pas s'étonner, si vous vous en serviés assez mal; parce qu'elles n'estoient pas à vostre usage, & que Calvin mesme les avoit rejettées.

L. 4. de la sence reelle a. 1.

Vous trouvés mauvais que j'aye oublié ces belles regles de vostre invention, pour discerner les expressions metaphoriques d'avec les litterales. N'avés-vous point vous-mesme oublié celles que j'ay si solidement établies? Parlons sincerement: Ce qui vous fasche le plus, est ce que vous dites le moins. Tout ce que vous pouviés m'objecter, c'est que je ne suis pas entré dans les interests de l'Autheur de la Perpetuité de la Foy, & que je n'ay rien dit du changement pretendu qui s'est fait, selon luy, dans l'Eglise Romaine touchant la grace victorieuse, sans qu'on s'y soit opposé. Car c'est l'endroit de vostre Livre que vous croyés *le plus considerable par sa force*. Mais il ne l'est qu'à l'égard de vostre premier adversaire, & vous ne deviés pas attendre que je me joignisse avec luy, tandis qu'il se retiroit des sentimens communs de toute l'Eglise. Vous n'en pouvés pas mesme tirer grand avantage, veu que s'il se trouve foible de ce costé-là, ce n'est que pour avoir trop adheré à vos maximes touchant la grace. Quand il se reünira avec nous de bonne foy, il reprendra toute sa force, & alors je seray ravi de le voir dans le combat, sans luy envier l'honneur de la victoire. N'accusés donc

. de la Preeelle ch. 5. 6. & 7.

donc point mon silence, puis qu'il n'a couvert que ce que la prudence & la charité m'obligeoient à couvrir : vous devés estre content de ce que j'ay dit sur vostre premiere reflexion, & vous le serés encore plus, si vous considerés ce que j'ay à dire sur la seconde.

2. Apres vous estre plaint de ce que j'ay laissé la plus grande partie de vôtre Livre sans y faire aucune réponse, vous vous plaignés incontinent de la foiblesse avec laquelle j'y répons. Certes, Monsieur, vous estes à plaindre, d'avoir pris tant de peine à écrire un si gros livre contre un si foible ennemi. Mais il me semble que vous ne deviés pas mettre cette plainte si prés de l'autre. Elles ne sont pas de bon accord : elles s'entre-choquent, & se détruisent mutuellement. Il falloit mettre quelque chose entre-deux : on ne se seroit pas si-tost apperceu de leur opposition. *Vit-on jamais rien de plus froid*, dites-vous, *que le cinquiéme livre du P. Noüet, où il se fait fort de refuter l'histoire du changement que nous soûtenons estre arrivé sur le sujet de l'Eucharistie?* Ne nous échauffons point sur sa froideur, vous n'en estes pas Iuge competant, vous y estes trop interessé : Mais vous avoüés qu'il

Réponse à la [se]conde Refle[xion]

se fait fort de refuter l'histoire du changement qui devoit faire tout le sujet de vostre livre, si vous ne fussiés point sorty des bornes de la dispute, & que vous l'eussiés renduë plus reguliere, il n'en a donc pas couvert la plus grande partie de son silence. *Vit-on jamais rien de plus foible que la réponse qu'il tasche de faire à mes dix-sept demonstrations touchant la doctrine des Peres qu'il examine dans le Chapitre cinquiéme de son quatriéme livre.* Quelque foible que sa réponse vous paroisse, vous confessés qu'il examine vos dix-sept demonstrations, où vous avés ramassé tout ce que vous aviés déja dit de la doctrine des Peres: vous reconnoissés qu'il prouve l'adoration du saint Sacrement, & nous verrons encore dans la suite de vos reflexions, qu'il traite le point de la trans-substantiation & de la presence réelle, selon la creance perpetuelle de l'Eglise, non seulement jusqu'au neuviéme siecle, mais aussi jusques à nostre temps, creance qui fait ainsi que vous dites, *toute vostre dispute avec l'Autheur de la Perpetuité de la Foy, & tout le sujet de vos livres.* Ie ne sçai pas quelle foiblesse vous trouvés dans ses raisonnemens, mais j'y trouve assés de force pour con-

a. 1. page 6.

vaincre de fausseté vos deux premieres reflexions. S'il est vrai que j'ay répondu à tous les points que vous marqués dans la seconde ; assurement vous vous estes mépris dans la premiere, en vous plaignant de mon silence : & si vous vous estes trompé dans la premiere, vous pourriés bien vous tromper dans la seconde, en vous plaignant de ma foiblesse.

3. Vous ne serés pas, à mon avis, plus heureux dans la troisiéme. Vous me reprochés que je n'ay pas employé assés de temps à la lecture de ce que je voulois refuter. Réponse à la Reflexion.

Il ne faut pas juger d'un ouvrage par le temps qu'on a mis à le faire, mais par sa bonté. S'il est mauvais quelque longueur de temps qu'on y ait employé, on a toûjours trop tost fait, ce qu'on ne devoit jamais faire. S'il est bon, la diligence le fait encore trouver meilleur ; & quelque prompte qu'elle soit, elle ne le produit jamais assés-tost.

Ne dites pas, Monsieur, que je n'ay point leu la réponse que vous aviés faite aux passages de *saint Cyrille, de saint Ambroise, de saint Augustin, & des autres Peres que vous croyés avoir clairement expliqués*, dites que je n'en ai pas esté satisfait, & que si je les ai fait paroistre aussi sains & aussi entiers qu'ils estoient auparavant, c'est que vous ne leur aviés pû donner aucune atteinte.

I'ay remis par exemple ce texte de saint Cyrille, *il a changé l'eau en vin en Cana de Galilée par le seul mouvement de sa volonté, & il ne meritera pas qu'on croye qu'il a changé le vin en son sang? S'il a fait un miracle si surprenant pour des noces corporelles, pourquoy ne confesserons-nous pas encore qu'il a donné son corps & son sang aux enfans de l'Epoux? En effet, le corps de* IESUS-CHRIST *vous est donné sous l'espece du pain, & son sang sous l'espece du vin, & quoy que les sens vous rapportent autre chose, que la foy neantmoins vous confirme.* I'avois raison de le remettre. Pour éluder ce texte, qui prouve si clairement le changement réel, effectif, miraculeux du pain au corps de IESUS-CHRIST, & du vin en son sang, vous détachés ces mots. *Le corps de* IESUS-CHRIST *nous est donné sous l'espece du pain, & son sang sous l'espece du vin*, & vous pretendés que saint Cyrille dit, *le corps de* IESUS-CHRIST *nous est donné au type du pain, & son sang au type du vin*, que gagnés vous au change? Mettés le type, mettés l'espece:

...rill. catech. ...stagog.

Les mots ſont differens, vous parlés Grec, & moy François. Mais pour changer de terme vous ne pouvés pas changer le ſens; le type du pain au ſens de S. Cyrille ſignifie la figure du pain, l'eſpece ne ſignifie rien autre choſe. Prenés lequel des deux qu'il vous plaira, expliqués voſtre type comme il vous ſemblera bon; il eſt toûjours veritable que ſelon S. Cyrille, le pain eſt changé au corps de IESUS-CHRIST auſſi reellement, que *l'eau fut changée en vin aux nopces de Cana, & quoy que les ſens nous rapportent autre choſe, il faut que la foy nous fortifie*, dit ce Pere.

Mais pour faire voir que je n'ay pas produit ce paſſage ſans toucher à voſtre réponſe; il ne faut que lire ce que je dis immediatement apres avoir allegué les paroles de S. Cyrille, & de pluſieurs autres Peres. *Où eſt l'homme de bon ſens qui ne juge auſſi-toſt que le miracle que les Peres veulent eſtablir ſur un ſi grand dénombrement de merveilles, eſt un vrai miracle, un changement reel, effectif, ſurnaturel, admirable? Cependant l'Autheur nous preſſe de luy montrer un changement ſubſtantiel dans les écrits des Peres. Il proteſte qu'ils n'en ont jamais parlé; qu'on prend un miracle pour l'autre, & que cette incom-*

L. 2. ch. 2. p. 5[illegible] de la 1. Editio[n]

comprehensible merveille dont parlent les Peres, ce changement incroyable, & inconnu à tous les siecles qui l'ont precedé, cette ineffable operation de la toute-puissance de Dieu, n'est rien autre chose qu'un changement figuré, un miracle en figure, & non en realité, par lequel le pain est pris pour la figure du corps de IESUS-CHRIST. N'est-ce pas là vostre type?

Prenons encore, si vous voulés le texte du Concile de Nicée, & voyons si je n'ay pas eu raison de le rétablir, puis qu'au lieu de l'expliquer, vous luy aviés donné un sens étranger tout contraire à celuy des Peres assemblés dans le Concile. I'ay rapporté le Canon que Photius a inseré dans sa Bibliotheque, où les Peres reconnoissent que l'agneau qui oste le peché du monde, est sur la table sacrée, qu'il est sacrifié par les Prestres d'une maniere non sanglante, & que prenant vraiment son corps & son sang precieux, ils croyent que ces choses sont le Symbole de nostre Resurrection, κεῖσθαι ἐπὶ τῆς ἱερᾶς ἐκείνης τραπέζης τὸν ἀμνὸν τοῦ θεοῦ τὸν αἴροντα τὴν ἁμαρτίαν τοῦ κόσμου ἀθύτως ὑπό τε ἱερέων θυόμενον καὶ τὸ τίμιον αὐτοῦ σῶμα καὶ αἷμα ἀληθῶς λαμβάνοντας πιστεύειν ταῦτα εἶναι τὰ τῆς ἡμετέρας ἀναστάσεως σύμβολα. Pressé par un té-

cinquiéme de presence relle. ge 329. de la 1. ition.

moignage ſi formel, vous cherchés à vous échapper, diſant qu'on a mal tourné ces paroles κεῖσθαι ἐπὶ τῆς ἱερᾶς ἐκείνης τραπέζης τὸν ἀμνὸν ἀθύτως ὑπό τε ἱερέων θυόμενον, & qu'il ne faloit pas dire *que l'Agneau eſt ſur la table ſacrée, & qu'il eſt ſacrifié par les Preſtres d'une maniere non ſanglante* ἀθύτως vû qu'il y a ſelon l'original *que l'agneau qui oste les pechés du monde eſt giſant ſur la table ſacrée, & qu'il eſt ſacrifié ſans ſacrifice par les Preſtres.* Et moy je vous arreſte, & je dis aſſurément que vous n'avés pas entendu le ſens dans lequel les Peres prennent ce mot ἀθύτως, ſi vous croyés qu'ils veulent dire par là que l'Agneau n'eſt pas veritablement ſacrifié par les Preſtres, & que ce n'eſt pas un vray ſacrifice, mais ſeulement une figure du ſacrifice de la Croix. Cet adverbe eſt negatif, & tire ſon origine de θύω, d'où vient le mot François tüer: Les Latins diſent, *Macto*; d'où vient le mot de *Mat* ſi celebre parmy les Eſpagnols. Les Peres donc voulant montrer que les Preſtres ſacrifient veritablement ſur la table ſainte l'agneau de Dieu ſans le tüer, ont ingenieuſement trouvé ce mot ἀθύτως, non pour nier le ſacrifice comme vous vous eſtes imaginé, autrement ils ſe contrediroient eux-mesmes, mais pour exclure toute maniere de sacrifice sanglant. C'est pourquoy vous avés pris ces paroles à contresens ἀμνὸν ἀθύτως θυόμενον en disant que *l'agneau est sacrifié sans sacrifice*, il ne faloit pas exclurre le sacrifice, mais seulement la maniere sanglante du sacrifice, comme nous avons fait. Le sacrifice de l'Autel est un vray sacrifice *verissimum & singulare sacrificium*, comme dit saint Augustin. *C'est ce vray sacrifice*, dit Cassien, *que nostre Seigneur donna le soir à ses Apostres en soupant, lors qu'il initioit les Sacremens de l'Eglise.*

ug. de spiri- littera c. 11.

vero illo sa- io, quod ves- à Domino atore cœnan- Apostolis itum est cum aret ecclesiæ menta. Cas- l. 3. de instit.

C'est un sacrifice raisonnable, & non sanglant, comme l'appellent les Peres : raisonnable, parce que ce n'est point la chair des animaux qu'on immole, mais la chair d'un homme Dieu qui est la sagesse incrée & la raison eternelle du Pere : Non sanglant parce qu'on ne le tüe pas, on ne l'égorge pas comme les moutons, on ne luy oste pas la vie, c'est luy qui la donne à tout le monde; *l'agneau mis sur l'Autel* nous assure de sa presence réelle; l'agneau immolé par les Prestres nous assure du sacrifice, *son corps & son sang que nous prenons veritablement*, nous assure que ce n'est point *un type* ni une simple

figure,

figure, mais qu'il demeure réellement en nous & nous en luy.

4. Vous voyés bien, Monsieur, que ce n'est point par precipitation que j'ay remis le texte du Concile de Nicée, pour ne rien dire de Drutmar & de saint Chrysostome, dont je feray un entretien plus long que celuy-ci: I'ay usé de diligence à la verité, mais mon zele n'est point allé plus viste que ma connoissance: Ie me suis si peu empressé, que j'ay eü le loisir de me divertir, & de faire deux digressions fort courtes, à n'en point mentir, mais neantmoins qui n'ont pas laissé de vous paroistre ennuyeuses. Ie ne les avois pas faites à ce dessein. Ie n'ay pas tant de fierté, que je ne sçache bien à qui j'ay affaire, & le danger qu'il y auroit d'aller trop loin, puisque je ne puis faire deux pas hors des bornes de la dispute, que je ne vous trouve en mon chemin. Réponse à la Reflexion.

Apres tout, Monsieur, vous n'ignorés pas qu'il y a des digressions, qui sont souvent fort à propos, d'autres qui sont absolument necessaires. Or certainement celles que vous condamnés sont de cette nature. La premiere est tout à fait necessaire pour montrer que vous avez abusé de l'autorité de Monſieur le Cardinal de Richelieu, à quoy vous ne repondés point. La derniere eſt ſi eſſentielle à mon ſujet que rien ne peut eſtre plus à propos, pour montrer le peu de conformité que vous avés avec les ſentimens des ſaints Peres qui ont fleury dans les premiers ſiecles, vous deviés donc y faire une plus ſerieuſe reflexion & ne vous contenter pas de dire, que ces digreſſions ſont ennuyeuſes: C'eſt faire une mauvaiſe cenſure, ne pouvant trouver de bonne défenſe.

[…]onſe à la cin[…]me Reflexion.

5. Ce qui me fait dire que voſtre critique, pour peu ſolide qu'elle ſoit, vous eſt pourtant aſſés commode. C'eſt par là que vous éludés la force des plus évidentes demonſtrations, en diſant, *que c'eſt un defaut inſupportable de vouloir donner trop de preuves pour eſtablir ſon ſentiment, parce que de cette ſorte il n'eſt pas poſſible d'écrire juſte*. Ie n'examine point cette maxime, qui vous euſt eſté fort utile, lors que vous nous donniés vos dix-ſept preuves, qui ne ſõt à parler ſincerement que des paralogiſmes; mais je m'oppoſe à l'application que vous en faites dans vos dernieres reflexions, pour affoiblir celles que j'ay apportées contre voſtre pretendu changement.

Il eſt vray qu'il n'y en a que trop pour vous convaincre ; j'en ay meſme encore de reſerve. Mais pour eſtablir mon ſentiment, je n'en voy aucune qui ne ſoit juſte, il n'y en a pas une de trop. Souffrés, Monſieur, que je vous faſſe ſouvenir des principales dont je me ſuis ſervy au cinquiéme livre, pour montrer qu'il ne s'eſt fait aucun changement dans l'Egliſe Romaine ſur le point de la Tranſſubſtantiation & de la preſence réelle vers le neufieſme & dixiéme ſiecle, où vous feignés qu'il eſt arrivé ; ce n'eſt que pour voir ſi elles ſont juſtes, & s'il y en a quelqu'une de trop, ou ſi j'ay pris les Autheurs modernes pour les anciens Peres. Dans la premiere, j'ay fait voir que les ſaints Peres qui ont écrit depuis le premier juſques au neufiéme ſiecle, ont enſeigné les meſmes doctrines touchant l'Euchariſtie, que nous embraſſons encore aujourd'huy. Qu'ils ont tenu comme nous la preſence réelle, & la reſidence du corps & du ſang de IESUS-CHRIST ſur l'Autel, *Qu'eſt-ce que l'Autel*, dit Optat de Milevis, *ſinon le lieu, où reſident le ſang & le corps de* IESUS-CHRIST. *En quoy vous avoit offenſé* IESUS-CHRIST, *dont le corps & le*

Quid eſt altar[...] niſi ſedes & ſ[...] guinis & corp[...] Chriſti? Quid offenderat Chriſtus cujus illic certa moment[...] corpus & ſang[...] habitat? Optat

sang habitent là par certain temps? Qu'ils ont crû comme nous que IESUS-CHRIST se portoit dans ses mains, quand il donna son corps à ses Apostres. *IESUS-CHRIST se portoit dans ses mains, lors qu'il dit, en recommandant son corps cecy est mon corps; car il portoit ce corps dans ses mains, & qui peut comprendre mes freres comment cela est possible dans un homme ordinaire? Qui est-ce qui se peut porter dans ses mains? Nous ne trouvons pas comment on le peut entendre à la lettre en la personne de David, mais bien en celle de IESUS-CHRIST. Quomodo in ipso David secundum litteram non invenimus: in Christo invenimus.* Qu'ils ont crû comme nous le changement du pain au corps de IESUS-CHR.

Augustinus in 33. ser. 1.

Nous prions Dieu qui est amateur des hommes, qu'il envoye son saint Esprit sur les choses qui sont offertes, afin qu'il fasse le pain le corps de IESUS-CHRIST, & le vin le sang de IESUS-CHRIST. Car tout ce que le saint Esprit touche, il le sanctifie & le change veritablement, πάντως μεταϐέϐληται. Qu'ils ont dit comme nous que ce changement se faisoit par les paroles de la Consecration. *Le sang des victimes*, dit saint Chrysostome, *n'étoit pas l'expiation des consciences, mais*

[C]ill. Hierosol. [Cat]ech. 5.

Chrysost. hom. 16. in c. 9. ad [He]bræos.

celuy duquel il est dit : cecy est mon sang du Nouveau Testament, qui est répandu pour vous en remission des pechés. C'est un sang spirituel, dont ils ont esté moüillés. Quoy donc ? est-ce un sang imaginaire conceu en esprit par la foy ? Non, c'est un sang réel & effectif découlé du corps de IESUS-CHR. *par ses propres paroles. Mais je l'appelle spirituel, parce qu'il a esté formé par la vertu du saint Esprit. Ce n'est pas Moïse qui nous à teints de ce sang : Mais* I. C. *par la parole de la Consecration, qui a esté prononcée, cecy est mon sang du Nouveau Testament. Cette parole au lieu de l'hysope fait & porte le sang & en arrose les fidelles, purifiant les ames, & les rendant fortes & innocentes.* Qu'ils ont enseigné, comme nous, que ce changement surpasse tous les raisonnemens & toutes les pensées des hommes. *Vous me demandés comment le pain est fait le corps de* IESUS-CHRIST, *& le vin son sang ? Ie vous répons*, dit saint Damascene, *que le saint Esprit survient, & qu'il fait ces divins mysteres le corps & le sang de* IESUS-CHRIST, *par dessus tous les raisonnemens & toutes les pensées des hommes, on prend le pain & le vin, parce que Dieu connoist nostre foiblesse, qui a horreur des choses qu'elle n'a pas coûtume de manger : &*

S. Jo. Dam. 4. c. 14.

parce que le pain & le vin sont nos alimens ordinaires, il y joint sa divinité & les fait son corps & son sang; le pain & le vin sont changés au corps & au sang de Dieu mesme.

Qu'ils ont assuré, comme nous, que l'Eucharistie est un vray sacrifice que les fideles sçavent [a] *sacrificium verum quod fideles norunt*, un sacrifice qui est l'accomplissement de tous les sacrifices des Anciens. *Quid est quod datum est completivum?* [b] *Corpus quod nostis, quod non omnes nostis, quod utinam qui nostis omnes, ad judicium non noveritis.* [c] Vn sacrifice propitiatoire que les *Prestres offrent à l'Autel comme deputés, afin d'interceder pour tout l'Vnivers, & comme mediateurs auprés de Dieu, afin de le rendre propice aux vivans, & aux morts, & leur obtenir le pardon de leurs pechés.* Vn sacrifice où l'on fait commemoration des morts par une pratique universelle *d'institution Apostolique*, que l'Eglise a toûjours gardée avec une constance immuable jusques au huitiéme siecle, sans que personne y ait contredit, témoin saint Iean Damascene.

Aug. in Ps.

Aug. ibidem.

Chrysost. l. 3. sacerdot.

εἰκῆ ταῦτα ωθετήθη ὑπὸ ἀποςόλων, ἡ τῶν φρικτῶν ςηρίων μνή- γίνεσθαι τῶν ελθόντων. *Chrysost. hom. 9. ep. ad Phil.* *Ioan. Damasc. orat. cui ti- s mortuos ibus juvari.*

De cette uniformité si certaine & si visible des anciens Peres de l'Eglise, avec ceux des derniers siecles, j'ay conclu par une consequence necessaire qu'il n'y avoit point eu de changement sur le point de l'Eucharistie, & que vôtre innovation n'estoit qu'une chimere. Ce raisonnement n'est-il pas juste: les Peres que je cite, & qui font une partie considerable des bons Autheurs que je vous ay allegués, sont-ils du douziéme ou du treiziéme siecle? Ces oracles de l'ancienne Eglise ne parlent-ils pas comme nous? Donnés-leur la torture tant de fois qu'il vous plaira pour les tirer à vostre sens figuré, faites-en des Martyrs si vous voulés, quelque violence que vous leur fassiés, vous n'en ferés jamais des témoins de vôtre erreur. I'ay montré invinciblement dans ma seconde preuve qu'ils la rejettent, & la condamnent dans tous ses chefs, quant au dogme & quant à l'usage.

6. Vous tenés, par exemple, qu'il est impossible que le corps de Iesus-Christ soit sous les especes du pain, parce qu'il n'y est pas d'une maniere sensible, mais à la maniere des esprits. Saint Chrysostome & saint Augustin assurent, que ce fut ce qui trompa les Capharnaïtes aussi bien que vous. Ils se troubloient & ne pouvoient croire

à ſa parole, parce qu'ils l'entendoient charnellement, & ainſi elle leur ſembloit impoſſible, comme ils meſuroient tout par les ſens & par la raiſon humaine, ils n'admettoient rien qui fuſt au deſſus de la nature, ni qui ſurmontaſt ſes forces. Ils penſoient qu'il eſtoit du corps de IESUS-CHRIST comme d'un corps mort qu'on demembre & qu'on vend à la boucherie. *Carnem quippe ſic intellexerunt quomodo in cadavere dilaniatur, aut in macello venditur.* Ce fut la premiere hereſie, qui troubla meſme les Diſciples de IESUS-CHRIST, & qui enleva un des Apoſtres, comme remarquent ces Peres, mais ſaint Pierre s'oppoſa à ces incredules, diſant avec une ferme foy: *Seigneur à qui irons-nous? Vous avés les paroles de la vie eternelle.*

hryſoſt. homil. in Ioan.

Auguſt. tract. in Io. vide idem in Pſ. 68. in Pſ. 54.

Vous dites que le pain Euchariſtique eſt une figure & une image du corps de IESUS-CHRIST excluſive de ſa preſence réelle. Le ſecond Concile de Nicée condamna cette erreur en la perſonne des Iconoclaſtes, qui diſoient que l'Euchariſtie eſtoit la ſeule image du corps de IESUS-CHRIST qu'il falloit honorer, pour donner l'excluſion aux ſaintes images, qu'ils comba-

cil. Nicæ. 2. . 6.

toient

toient de toute leur force, & qu'ils s'abbatoient comme ceux de vostre secte. Ces heretiques *voulant obscurcir la contemplation des saintes images, ont introduit une autre image*, dit ce Concile, *qui n'est point en effet une image, mais le corps & le sang.* Il ne le dit pas une fois seulement, il le repete plusieurs fois, & pour bannir entierement ce signe exclusif de la presence réelle, il assure *qu'il ne se trouvera jamais que nostre Seigneur, ni les Apostres, ni les Peres ayent appellé ce sacrifice non sanglant, qui est offert par le Prestre, l'image, mais le propre corps de* IESUS CHRIST. Il adjoûte que les Iconoclastes qui avoient inventé ce nom d'images, se servoient de termes ambigus qui exprimoient aucunement la realité, de peur de se rendre trop odieux, en choquant la creance commune de l'Eglise. *Ils se confondent eux-mesmes par leur astuce & par leur malice, & s'envelopent d'un faux sophisme, disant que cette oblation sacrée est faite par position. Mais comme c'est une extravagance manifeste de parler ainsi, c'est un pareil égarement d'esprit, de dire que le corps & le sang de* IESUS-CHRIST *soit image, & outre que c'est une marque d'ignorance, il y a aussi de l'impieté meslée.*

Neantmoins apres cela comme s'ils abandonnoient le mensonge, ils expriment aucunement la verité, confessant que le pain est fait le corps divin. Ainsi il leur arrive le mesme qu'à ceux qui ont l'esprit troublé, s'imaginant tantost une chose, & tantost l'autre, declarant tantost que le sacrifice de l'Eucharistie est l'image du sacré corps de IESUS, *& tantost que c'est le corps de* IESUS-CHRIST.

[...]eodoret. l. 4. [...]. eccles. c. 11.

Vous soûtenés que l'Eucharistie n'est point un vray sacrifice propitiatoire pour les vivans & pour les morts. Theodoret dit que c'estoit l'erreur des Enthousiastes qui ostoient le sacrifice de la Messe, parce qu'ils croyoient qu'il estoit inutile. Saint Ignace Martyr, dit que c'estoit celle des Simoniens, *qui rejettoient les oblations, parce qu'ils ne croyoient pas que l'Eucharistie fust la chair de* IESUS-CHRIST, *qui a souffert pour nous dans la Croix.* Et pour ne point alleguer icy le témoignage de saint Cyprien, de saint Chrysostome, de saint Cyrille, de saint Athanase, de saint Ambroise, & de saint Augustin, qui recommandent tous les prieres pour les morts, & sur tout le sacrifice de la Messe, Calvin mesme qui est en cela plus sincere que vous, & qui dit ce qu'il

[...]gnat. epist. ad [...]n.

pense, confesse dans ses Commentaires sur l'Epistre aux Hebreux, *que c'est merveille que tant d'anciens Docteurs ayent insisté sur l'oblation du pain & du vin, disans; Christ est sacrificateur selon l'ordre de Melchisedech. Or Melchisedech a offert du pain & du vin, donc le sacrifice du pain & du vin convient au Sacerdoce de Christ: Certes les Anciens ayant controuvé un sacrifice en la Cene de* IESUS-CHRIST *sans son commandement, & ainsi corrompu la Cene par leur sacrifice ajoûté à icelle, ils ont tiré d'où ils ont pû des couleurs pour farder leurs erreurs. Cette oblation de pain & de vin leur à plû, & ils l'ont embrassée sans jugement.*

Vous enseignés que la Messe *ensevelit & opprime la Croix & la Passion de* IESUS-CHRIST *& qu'il est certain qu'en dressant un Autel on met bas la Croix de* IESUS-CHRIST. Ce sont les propres paroles de Calvin; & c'est par cette raison de conscience Calviniste, que ses disciples ont demoli tant d'Eglises & d'Autels à l'exemple des Donatistes qui rompoient les Calices, & profanoient les Autels des Catholiques. Mais les anciens Peres ont toûjours condamné leur fureur, & les Arriens mesmes qui tâcherent d'opprimer saint

Calvin l. 4. i c. 18. n. 3.

Athanase par toutes sortes de calomnies, n'en inventerent point de plus odieuse, que le crime d'impieté contre la divine Eucharistie, l'accusant d'avoir rompu un Calice sacré; crime qui parut si énorme aux Evesques d'Affrique assemblés au Concile d'Alexandrie, qu'ils se sentirent obligés d'écrire une lettre Circulaire à la décharge d'Athanase, qui est un precieux monument de l'ancienne creance de l'Eglise. Là ils parlent des sacrifices qu'ils offroient à l'Autel. *Nos sacrifices*, disent-ils, *qui sont encore aujourd'huy aussi purs & innocens que jamais, n'ont esté sanctifiés que du sang de* IESUS-CHRIST, *& du culte religieux que nous luy rendons.* Là ils parlent de l'usage & de la veneration qui est duë au Calice qui contient ce sang precieux. *Ce Calice mystique qui rend impie celuy qui le rompt de propos deliberé, ne se trouve que chés les legitimes Prelats; car il n'y a qu'un seul usage du Calice, & il n'y en a point d'autre hormis celuy-là. C'est celuy-là que vous presentés legitimement au peuple. C'est celuy-là que vous avés receu par la disposition des Canons Ecclesiastiques; & ce Calice n'est confié qu'à ceux qui president à l'Eglise Catholique, car il n'appartient qu'à*

...nod. Alexand. ...1 operum S. ...han. pag. 564.

vous seuls de presenter le Sang de IESUS-CHRIST *à l'exclusion de tous les autres.*

Là ils parlent des Mysteres divins que les Evesques operent dans le Calice, en changeant le vin au Sang de IESUS CHRIST, qu'ils appellent pour cet effet le Dieu du Calice. *Comment est-ce que ceux qui feignent d'avoir de la reverence pour le Calice, deshonorent le Dieu du Calice? Par quelle raison ceux qui deplorent un Calice rompu, s'efforcent ils de faire mourir l'Evesque qui opere dans ce Calice les divins Mysteres?*

Vous voyés bien, Monsieur, ce que l'on doit conclure de cette opposition évidente de vos doctrines & de vos pratiques avec celles des Peres, à sçavoir que le changement que vous feignés, n'est qu'une illusion. Nous n'avons point changé le gouvernement ni la creance de l'Eglise comme vous. Nous n'avons point creé de Ministres, pour faire la Cene. Nous avons reconnu les Prestres & les Evesques comme les dispensateurs legitimes du sang de IESUS-CHRIST. Nous n'avons point accusé les anciens Peres d'avoir inventé le Sacrifice de la Messe, comme Calvin. Nous avons crû comme eux qu'il estoit d'Institution divine. Nous n'avons point dit avec les heretiques Briſe-Images, que l'Euchariſtie eſtoit l'image de IESUS-CHRIST excluſive de la preſence reelle. Nous avons crû avec le Concile de Nicée que IESUS-CHRIST ni les Apoſtres, ni les Peres n'ont jamais parlé de la ſorte. Donc il n'y a point eu d'innovation de noſtre part. C'eſt vous qui avés changé la realité du corps de IESUS-CHRIST en figure, le Sacrifice de la Meſſe en un phantoſme, les Autels en tables profanes, les Preſtres en Miniſtres. C'eſt vous qui avés aboli par tout, où vous avés eu du pouvoir, toutes les ceremonies ſaintes, les Temples, les Autels, les Vaſes ſacrés, & toutes les marques de l'ancienne pieté & Religion vers le tres-ſaint Sacrement, qui nous avoient eſté ſi fidellement tranſmiſes de pere en fils. C'eſt donc vous qui eſtes les novateurs, c'eſt vous qui eſtes veritablement coupables du changement que vous nous imputés. Ce raiſonnement n'eſt-il pas juſte? Eſt-ce le deſir de donner trop de preuves qui la produit?

7. Ie ſçay bien que vous ne pouvés manquer de mauvaiſes réponſes, & que vous ſçavés leur donner un tour qui eſt aſſez agreable, pour en cacher les de-

fauts. Mais que pouvés-vous dire qui soit capable de contenter un homme judicieux sur ce que j'ay verifié par la propre confession de vos plus celebres Ecrivains, que les dogmes de la presence reelle, de la transsubstantiation, & de l'immolation de CHRIST se trouvent établis dans l'Eglise Romaine, & mis en pratique dés le sixiéme siecle? Que Gregoire premier les authorise dans son Ordre Romain, qu'on appelle la Messe Gregorienne: Qu'il ne se contente pas de doubler l'*Introit* de la Messe, de prendre le *Kyrie eleison* des Grecs, de composer un livre d'Oraisons, qu'il appelle Sacramentaire, ou le livre des Sacremens; mais qu'il fait entrer l'immolation de CHRIST & le Sacrifice propitiatoire dans le Canon de la Messe, & par suite la transsubstantiation & la presence reelle, & pour me servir des propres paroles de du Plessis, que c'est *en ce siecle de tenebres où l'Eglise passe des ceremonies & de la pompe à la superstition & à la fausse doctrine, où le nom de Messe gagne le dessus, & l'emporte sur celuy de la Cene, où le Canon, cette partie si essentielle & si importante de la Messe, souffre une alteration si considerable, qu'on passe d'un Sacrement à un Sa-*

Du Plessis premier de la se chap. 7. 97.

Page 100.

crifice propitiatoire, du signe à la chose mesme de la commemoration de la mort de CHRIST, *à la pretenduë reelle immolation d'iceluy mesme*. Comment accordés-vous cela avec vostre innovation imaginaire, que vous dites n'estre arrivée que dans le neufiéme & dixiéme siecle?
91. 92. 93. Ie vous montre par l'aveu des plus fameux Autheurs de vostre Secte toutes les ceremonies de la Messe pratiquées comme elles sont aujourd'huy dans l'étenduë des six premiers siecles: *La Confession verbale du Prestre* mise en usage dés le temps des Apostres, *l'Introit* établi par Celestin, le *Kyrie eleison* par saint Gregoire, le *Gloria in excelsis* par Telesphore ou par Symmaque, l'Epistre & l'Evangile dés le premier siecle, le chant du Symbole par Marc premier, le *Sanctus* par Sixte I. les paroles de la consecration par le Fils de Dieu, la commemoration apres l'élevation de l'Hostie par Pelage second, l'Oraison Dominicale par les Apostres, la Communion de tout temps, le Sacrifice propitiatoire & l'immolation de CHRIST, qui est l'essentiel de la Messe, reconnu par saint Gregoire. De là je conclus que vous vous estes trompé dans vostre Chronologie, & que vostre pretendu change-

changement est détruit par vos propres Confreres. Ce raisonnement n'est-il pas encore juste ? n'est il pas dans les formes ? qu'avés vous à repliquer ? S'il n'y avoit que du Plessis entre ceux de vostre parti qui ne fust pas de concert avec vous, peut-estre auriés-vous assez d'attache à vostre sentiment, pour me dire qu'il s'est trompé, qu'il ne devoit pas nous abandonner tous les Peres du sixiéme, du septiéme, & du huitiéme siecle, & qu'il pouvoit tenir la verité plus long temps cachée, l'empeschant, comme vous avés fait, de paroistre jusques au temps de Paschase. Mais vous sçavés, Monsieur, qu'il n'est pas seul, & que vous estes encore plus mal avec Calvin, qui vous oste tout d'un coup saint Irenée, saint Ambroise, saint Athanase, saint Augustin, & Arnobe, tous autheurs des premiers siecles, pour nous les rendre de bonne foy. *Ces broüillons*, dit-il, *ont accoûtumé de ramasser de tous costés ce qui se trouve de plus vicieux dans les Peres. Quand donc ils nous objectent qu'Irenée interprete le texte de Malachie du Sacrifice de la Messe, & qu'Athanase, Ambroise, Augustin, Arnobe, prennent ainsi l'oblation de Melchisedech, je répons en peu de mots, que les mesmes Autheurs in-*

Calvinus l. de v ra Ecclesiæ refo mat. Solemne istis nebulonibus quidquid vitiosu in Patribus legitu corradere. Cùm e go objiciunt locu Malachiæ de M sæ Sacrificio ab Irenæo exponi, o lationem Melch sedech sic tracta ab Athanasio, Am brosio, Augustin

nobio, breviter
ponsum sit eos-
n illos Scripto-
alibi quoque pa-
n, interpretari
pus Christi, sed
ridiculè, ut dis-
tire nos cogat
o & veritas.

terpretent ailleurs le pain du corps de IESUS-CHRIST, *mais d'une maniere si ridicule, que la raison & la verité nous obligent à nous departir de leur opinion.* Il ne répond pas comme vous, quand on luy objecte les Peres, que le dogme de l'absence reelle estoit leur commune creance, qu'ils ne sçavoient ce que c'estoit que conversion reelle, que Sacrifice propitiatoire, & qu'ils ne nous en ont jamais rien dit.

Il confesse que saint Irenée, saint Athanase, saint Augustin, saint Ambroise, & Arnobe ont crû que le pain estoit le vrai corps de IESUS-CHRIST, & que l'Eucharistie estoit un vrai Sacrifice figuré par celuy de Melchisedech, & predit par Malachie. Ne vous l'avois-je pas bien dit, que Calvin estoit plus sincere que vous, & qu'en voulant tirer les Peres à vostre parti, vostre parti mesme s'y oppose ? Vous n'estes pas mieux avec les Lutheriens ny avec les Zuingliens, qu'avec les Calvinistes, les plus grands ennemis, soit de la transsubstantiation, ou de la presence reelle, sont vos Iuges, & vous condamnent ouvertement.

Zuingle, qui est le chef des Sacramentaires ennemis de la presence reelle, assûre que du temps de saint Augustin l'opinion de la realité avoit tellement prevalu, que ce grand esprit n'osa se declarer pour la verité, qui estoit toute renversée : *Facilè adducimur Augustinum non fuisse ausum disertè veritatem proloqui, quæ jam casum magnâ parte dederat. Vidit omnino quid hoc Sacramentum esset, & in quem usum esset iustitutum. Verùm invaluerat opinio de corporeâ carne.*

Zuinglius in Com- ment. de vera & falsa Relig. p. 214. Tigur.

Les Centuriateurs, ennemis de la transsubstantiation & du Sacrifice de la Messe, qui avoient leu les saints Peres pour le moins autant que vous, sont contraints de nous les abandonner, tant ils leur sont incommodes. *Quædam ambigua & incommodè dicta in quibusdam occurrunt, ut in epistolâ Ignatij ad Smyrnenses. Non licet sine Episcopo offerre, neque Sacrificium immolare.* Il se trouve, disent-ils, en quelques-uns des paroles ambiguës & incommodes, comme celles-cy dans l'Epistre d'Ignace à ceux de Smyrne : Il n'est pas permis d'offrir ny d'immoler le Sacrifice sans l'Evesque.

Cent. 2. c. 4. 55.

De Oblatione Irenæus l. 4. c. 32. Satis videtur loqui incommodè, cùm ait : Novi testamenti novam docuit oblationem, quam Ecclesia ab Apostolis accipiens, in universo mundo offert Deo. Irenée semble parler

Cent. 2. c. 4. 63.

assez mal, lors qu'il dit, que nostre Seigneur a enseigné une nouvelle oblation du nouveau Testament que l'Eglise a receuë des Apostres, & qu'elle offre à Dieu par tout le monde.

nt. 3. c. 4. 83. *Sacerdotem vice Christi fungi in Cœna Domini superstitiosè Cyprianus asserit.* Cyprien assure superstitieusement que le Prestre fait l'office de IESUS-CHRIST à la Cene.

nt. 3. c. 5. 138. *Tertullianus approbavit oblationes pro defunctis.* Tertullien a approuvé les oblations pour les morts.

nt. 4. c. 4. *Ambrosius non rectè de transsubstantiatione & applicatione Eucharistiæ pro mortuis scripsit.* Et plus bas: *Ambrosius locutionibus utitur, quibus ante eum ex Patribus nemo usus est, ut Missam facere, offerre Sacrificium.*

Ambroise a mal écrit de la transsubstantiation & de l'application de l'Eucharistie pour les morts. Il se sert de locutions, dont pas un des Peres ne s'estoit servi avant luy, comme *celebrer la Messe, & offrir le Sacrifice.*

Voulés-vous que je vous en cite encore d'autres?

lancthon l. 4. onol. Idem ha. Carion in Chro. *Gregorius*, dit Melancthon, *Sacrificium corporis Christi & sanguinis non solùm pro vivis, sed etiam pro defunctis pu-*

blicâ authoritate comprobavit. Gregoire a approuvé par authorité publique le Sacrifice du corps & du sang de Iesus-Christ non seulement pour les vivans, mais encore pour les morts.

Missa à Gregorio primo perfecta est anno 600. & à Carolo Magno usque ad Carolum quintum tanquam Regina potentissima in omnibus Ecclesiis orbis Occidentalis regnavit. La Messe, dit un fameux Theologien de l'Eglise Anglicane pretenduë reformée, a esté conduite à sa perfection par Gregoire I. dans le sixiéme siecle, & depuis Charle-Magne jusques à Charles Quint elle a regné comme une tres-puissante Reine dans toutes les Eglises d'Occident.

Beaconus in [...] cui titulus, quiæ Rom.

Musculus remonte jusqu'à Pelage predecesseur de saint Gregoire. *Pelagius commemorationem mortuorum in secreta Canonis Missatici intulit, ut mortuis virtus & efficacia Missæ communicaretur.* Pelage a fait entrer la commemoration des morts dans le Canon de la Messe, afin que la vertu & l'efficace de la Messe fust communiquée aux morts.

Muscul. in [...] comm. de C[...] Domini.

Balæus va jusques au cinquiéme siecle; & rend Leon premier coupable d'un horrible blaspheme, pour avoir approuvé le Sacrifice de la Messe. *Leo* eus in Catal. if. Rom.

primus Missæ Sacrificium non sine summa in Deum blasphemia approbavit.

André Crastovius donne jusques au quatriéme, & traite saint Gregoire de Nisse de ridicule, parce qu'il dit que lors que Iesus-Christ donna son corps à manger à ses disciples avant la Passion, ce corps estoit déja immolé d'une maniere secrete, ineffable, & invisible. *An ignorat opinionem Nysseni per se absurdam esse? Ait enim ille: Cùm itaque dedit Christus discipulis suis corpus suum ad manducandum, jam latenter, ineffabiliter, & invisibiliter corpus immolatum erat.*

reas Crasto- l. de opificio æ contra Bel- . sect. 164.

Quelle creance esperés-vous donc trouver dans une opposition si prodigieuse de vostre opinion, non seulement à celle des anciens Peres, mais encore à celle des Ecrivains qui sont de vostre Secte, ou que vous avés associés, pour attaquer la creance universelle de l'Eglise?

Ou vous voulés faire passer pour un article de foy, que l'Eglise Romaine a changé de creance touchant l'Eucharistie depuis le neufiéme siecle, ou seulement pour vostre opinion particuliere, que vous estimés probable. Si vous dites que ce n'est qu'une opinion particuliere, donc personne n'est obligé de vous croire; donc vous vous en devés defier vous-mesme, & ne point preferer vostre jugement à celuy de toute l'Eglise. Quoy donc? Est-il permis de se joüer ainsi de nos mysteres, & de les donner en proye aux foibles raisonnemens de l'esprit humain? Si vous me dites que c'est un point de foy, donc Calvin est un heretique, qui assure que cette innovation s'est faite long-temps auparavant; donc Zuingle est un heretique, qui soûtient que le dogme de la presence reelle avoit prevalu dés le temps de saint Augustin; donc ceux de vostre Secte sont presque tous heretiques, puis qu'il y en a fort peu qui ne disconviennent du temps où vous avés établi ce changement; donc, pour dire encore mieux, vous estes tous heretiques, puisque chacun de vous traite les points de foy selon son caprice, qui est une marque evidente de la fausseté de vos maximes. Dites-moy, Monsieur, si ce raisonnement n'est pas juste?

8. Voulés-vous que je passe plus avant, & que j'examine par les regles de vostre Critique les preuves que j'ay tirées contre vostre pretendu changement, des circonstances du temps mes-

me où vous l'avés mis, pour voir s'il y en a quelqu'une qui ne s'y ajuste pas?

I'ay fait voir que le temps auquel vous pretendés que l'Eglise Romaine a changé de sentiment touchant la presence reelle, est precisement celuy de la naissance de l'heresie des Sacramentaires depuis le siecle de Iean Erigene, surnommé l'Escossois, qui commença à revoquer en doute l'existence reelle du corps de IESUS-CHRIST dans l'Eucharistie, jusques à celuy de Berenger, qui fit revivre sa pernicieuse doctrine environ cent cinquante ans apres sa mort. I'ay rapporté le témoignage de Hincmare qui ayant receu des plaintes du premier, qu'il appelle Iean Scotigene parce qu'il estoit Hibernois, crût estre obligé comme estant son Archevesque d'avertir le public de ses erreurs afin qu'on s'en donnast de garde. Voicy ses propres paroles. *Ils disent encore d'autres choses contre la verité de la Foy Catholique se plaisans en des termes nouveaux, pour s'acquerir une vaine reputation, à sçavoir que la Divinité est triple, que le Sacrement de l'Autel n'est pas le vray Corps & le vray Sang du Seigneur mais seulement la memoire de son vray Corps & de son Sang, que les Anges sont naturellement*

…marus c. 31. …e Pradestin.

ment corporels, que l'ame de l'homme n'est pas dans le corps, & plusieurs autres choses contre lesquelles il sera necessaire que les Prelats Orthodoxes de l'Eglise veillent avec soin & avec adresse.

De ce témoignage irreprochable j'ay conclu evidemment que la presence reelle estoit la Foy commune de toute l'Eglise au temps d'Erigene, & que l'opinion contraire n'estoit qu'une invention de sa vanité. Qu'y trouvez-vous à dire ? ce raisonnement n'est-il pas dans les formes ?

I'ay monstré que les plus Illustres Autheurs entre les Latins, qui écrivirent environ ce temps-là, soit auparavant ou apres, se declarent ouvertement contre cette heresie pour la creance de l'Eglise universelle.

Le pain & le vin, dit le venerable Bede, *est transferé par la Sanctification ineffable du saint Esprit au Sacrement de sa Chair & de son Sang : & ainsi son Corps & son Sang n'est plus répandu par les mains des infidelles pour leur damnation ; mais il est pris par la bouche des Fidelles pour leur salut.* Et ailleurs. *Le pain est fait le Corps de* JESUS-CHRIST. *Car la substance du pain passe au Corps de* IESUS-CHRIST, *& non pas les accidens : mais plûtost ceux-*

8. Sæculo. *Beda in homil. hyemal. de sanc. in Epiph.*

Idem in lib. Boetij de Trinitate.

cy subsistent en l'air, ou sans substance. Panis fit Corpus CHRISTI, transit enim substantia panis in Corpus CHRISTI, non formæ: sed potiùs hæ subsistunt in aëre vel sine substantia.

8. Sæculo. [...]uinus de di[...] [...]. offic. c. 39.

Le pain & le vin, dit Alcuin, *sont d'eux-mesmes destituez de raison, mais le Prestre prie que celuy-là estant raisonnablement touché & consacré par le tout-Puissant soit fait raisonnable en passant au Corps de son Fils.* Et derechef. *Dieu tout-puissant ayant égard à nostre infirmité, fait que n'estant pas accoûtumés à manger de la chair cruë & à boire du sang, ces deux dons demeurent en leur premiere forme, & qu'en verité c'est le corps & le sang de IESUS-CHRIST, ainsi qu'il le dit luy-mesme.* Et est in veritate corpus Christi & sanguis, sicut dicit ipse.

Sæculo 9. [...]ymo Episcopus [...]berstatensis in [...]ssionem Christi [...]undùm Mar[...]m.

Le pain, dit Aymo, est changé en la chair du Seigneur, & le vin est transferé au sang du Seigneur, non par figure & par ombre, mais en verité. *Panis in carnem Domini mutatur, & vinum in sanguinem Domini transfertur, non per figuram neque per umbram, sed per veritatem.*

Sæculo 9: [...]emig. Antissio[...]r. de celebratio[...] Missa,

Si c'est en verité le corps de IESUS-CHRIST, dit Remy d'Auxerre, pourquoy l'appelle-t'on mystere? Parce qu'apres la consecration il est une autre chose que ce qu'il paroist. Car il paroist estre du pain & du vin, mais en verité c'est le corps & le sang de I. C. *Post consecrationem aliud est, & aliud videtur. Videtur siquidem panis & vinum, sed in veritate est corpus Christi & sanguis.*

Nous croyons, dit Amalarius, *que la nature simple du pain & du vin meslé d'eau est changée en une nature raisonnable, à sçavoir du corps & du sang de* IESUS-CHRIST, & plus bas. *La foy de la sainte Eglise est grande & admirable, qui void de ses yeux ce que des yeux mortels ne peuvent faire. Elle void ce qu'elle doit croire, encore qu'elle ne voye pas ce qu'il est clairement & à découvert. Elle croit que le sacrifice present est porté devant Dieu par les mains des Anges, & elle est persuadée qu'il doit estre mangé par la bouche des hommes. Car elle croit que c'est le corps & le sang du Seigneur, & que ce morceau celeste remplit de benedictions l'ame de ceux qui le reçoivent.* Credit sacrificium præsens per Angelorum manus ante conspectum Dei, & sentit mandendum esse ab humano ore. Credit namque corpus & sanguinem Domini esse, atque hoc morsu cœlesti benedictione imple-

Sæculo 9. *Amalarius l. 3. off. Ecclesiast. c. 24. & c. 25.*

9. Sæculo. alafridus de Eccles. c. 17.

ri animas sumentium.

Le Fils de Dieu disant luy-mesme, ma chair est vraiment viande, & mon sang est vraiment un breuvage, il faut tellement entendre que ces mesmes mysteres de nostre Redemption, sont tout ensemble veritablement le corps & le sang du Seigneur, que nous croyons aussi que ce sont des gages de cette unité parfaite, avec nostre chef que nous possedons maintenant par esperance, & que nous possederons un jour par effet.

De ce grand nombre d'Autheurs, dont la doctrine est si contraire à celle d'Erigene, n'ay-je pas eu sujet de conclure que vous aviés fait un fort mauvais choix, en mettant vostre innovation imaginaire dans un siecle où Paschase, que vous en faites l'Autheur, assure *que personne n'avoit encore ozé contredire ouvertement la presence réelle que tout l'Vnivers croioit & confessoit, encore que quelques-uns eussent par ignorance des sentimens contraires.*

amvis de hoc lam ex ignorá errent, netamen est adin aperto, qui ta esse contrat, quod totus credit & itetur.

Que trouvés-vous dans ce raisonnement qui ne soit juste, qui ne soit fort & convaincant?

9. Mais que pouvés-vous opposer à la preuve que j'ay prise de l'uniformité de creance qui estoit alors entre les Eglises Grecque & Latine sur le point de la pre-

ſence réelle, quelque grand que fuſt le ſchiſme qui les avoit diviſées par d'autres conſiderations. Photius Patriarche de Conſtantinople qui vivoit en ce temps-là, s'eſtoit broüillé, comme vous ſçavés, avec le Pape : Il avoit jetté l'Egliſe d'Orient dans la rebellion. Il n'y a point d'apparence qu'un eſprit alteré qui cherchoit toutes les occaſions de quereller le ſaint Siege, & qui ne manquoit, ni de ſcience, ni d'éloquence, ne ſe fuſt pas prevalu du moindre changement dans la doctrine des anciens Peres, s'il en fuſt arrivé quelqu'un de ſon temps ſur un ſujet auſſi conſiderable qu'eſt celuy de l'Euchariſtie ; dont neantmoins on ne trouve point qu'il ait fait aucun reproche, ni luy, ni ceux qui ſuivoient ſon party, ni ceux qui vinrent apres luy, non plus que ceux qui l'avoient devancé. Bien loin d'eſtre differens d'opinion au ſujet de la preſence réelle, les Grecs s'en expliquoient encore plus clairement que les Latins. Témoin Anaſtaſe d'Antioche qui vivoit dans le ſixiéme ſiecle, ſaint Iean Damaſcene qui eſtoit dans le huitiéme, Euthyme & Theophilacte qui ſont venus apres, l'un au commencement, l'autre ſur la fin de l'onziéme siecle, & qui ont tous rejetté expressement vostre presence figurée. *Dieu nous garde*, dit le premier, *de dire que la sainte communion soit la figure du corps de* I. C. *ou de simple pain: mais plûtost c'est vraiment le corps & le sang de* I. C.

. Anti. ad- Saintas.

Le pain & le vin ne sont pas la figure du corps de IESUS-CHRIST, dit le second, *nullement. Mais le vray corps deifié de* IESUS-CHRIST, *puis qu'il dit luy-mesme; Cecy est non le signe de mon corps, mais mon corps, ni le signe de mon sang, mais mon sang.*

masc.

Comme l'ancien Testament, dit le troisiéme, *avoit des victimes & du sang, certes le nouveau en a aussi, à sçavoir le corps & le sang du Seigneur. Il n'a pas dit, ce sont les signes de mon corps & de mon sang: Mais cecy est mon corps, cecy est mon sang.*

.in c. 26.

Remarqués, dit le dernier, *que le pain que nous mangeons dans les mysteres, n'est pas une simple figure de la chair du Seigneur. Car il n'a pas dit, le pain que je vous donneray est la figure de ma chair. Mais c'est ma chair. Car le pain est transformé en la chair du Seigneur avec des paroles secretes par la benediction mystique, & par l'intervention du saint Esprit.* Et ailleurs, IESUS-CHRIST *disant, Cecy est mon*

. in c. 6. Io.

c. 26.

corps, montre que le pain qui est consacré sur l'Autel, est le corps mesme du Seigneur, & non pas une figure qui le represente. Car il n'a pas dit, cecy est la figure; mais cecy est mon corps. Et pour la troisiéme fois.

Cecy est mon corps. Cecy, dis je, que vous prenés. Car le pain n'est pas une figure, ni un portrait du corps du Seigneur, mais il est changé en ce mesme corps du Seigneur, car le Seigneur dit. Le pain que je vous donneray est ma chair. Il n'a pas dit, c'est la figure de ma chair, mais c'est ma chair. Comment est-ce donc, me dirés-vous qu'on ne void pas la chair? O homme! c'est à cause de nostre infirmité.

Idem in c. 14 Marci.

Apres des témoignages si clairs, ne pouvois je pas inferer que vous aviés mal pris vostre temps, & que vous ne deviés jamais dire qu'avant que Paschase eust écrit de la presence réelle de Iesus-Christ, on n'en avoit point oüi parler dans l'Eglise Romaine, & que l'Eglise Grecque avoit toûjours esté de mesme creance que vous? N'étoit-ce pas conclurre juste? Sans doute le seul nom de Paschase vous devoit obliger au silence, veu que vous n'en pouviés parler sans nous découvrir l'origine honteuse de l'heresie des Sacramentaires, & nous faire souvenir de la victoire que cet Abbé remporta sur elle avec tant de succés, qu'elle fut contrainte de se cacher l'espace de plusieurs années, & que depuis elle n'a jamais osé se montrer, qu'elle n'ait esté aussi-tost combatüe par les plus grands hommes des derniers siecles, & condamnée par les Conciles.

10. Berenger ne l'eut pas si-tost renouvellée, qu'il se veid condamné dés son vivant par six Conciles, & par six Papes, qui l'obligerent à retracter ses erreurs. Guillaume de Malmesbury Historien de ce temps-là le met au rang des Heresiarques, disant qu'il fut condamné, parce qu'il nioit que le pain & le vin mis sur l'Autel fussent le vray corps substantiel de IESUS-CHRIST apres la consecration, comme la sainte Eglise l'enseigne. *Fuit hoc tempore Berengarius Turonensis hæresiarcha qui panem & vinum in altari apposita post consecrationem sacerdotis verum & substantiale corpus Domini, sicut sancta ecclesia prædicat, esse denegabat.* Lanfranc Prieur de Bec, & depuis Archevesque de Cantorbie luy envoya la refutation de ses dogmes luy remontrant entre plusieurs autres choses, *que l'Eglise universelle repandüe par toute la terre, confessoit que le pain*

an. l. de sacram.

pain & le vin sont proposés pour estre consacrés sur l'Autel, mais qu'en la consecration ils sont changés en la substance de la chair & du sang de IESUS-CHR. *d'une maniere incomprehensible & inéfable; que tous ceux qui se réjoüissoient d'estre Chrestiens, & d'en porter le nom se glorifioient de recevoir en ce Sacrement la vraye chair, & le vray sang de* IESUS-CHRIST, *l'un & l'autre pris de la Vierge; & que si on interroge les Grecs, les Armeniens & tous les fideles de quelque nation que ce soit, ils protesteront tous d'une voix qu'ils sont dans cette creance. Vno ore hanc fidem se testabuntur habere.*

Adelman Evesque de Bresse, qui avoit fait ses premieres études avec cet heretique, luy écrivit une sçavante lettre sur le sujet de l'Eucharistie, pour le détourner de ces fatales nouveautés. Hugues de Langres en fit de mesme, Guimont composa un excellent Livre de la verité du corps & du sang de IESUS-CHRIST dans l'Eucharistie. Saint Anselme, saint Damien, qui furent les lumieres de ce mesme siecle, & tous ceux qui ont depuis écrit de cette matiere, saint Thomas, saint Bonaventure, saint Antonin, & une infinité d'autres nous ont laissé des armes pour combattre les ennemis de la presence réelle.

Qui ne void que cette preuve est tout à fait convaincante, & qu'elle ne souffre point de replique ? Neantmoins vous avés crû vous pouvoir sauver en disant que j'ay pris ces derniers saints pour les Peres des premiers siecles, *& que c'estoit une partie des bons autheurs que j'ay fait parler en ma faveur, & au témoignage desquels j'espere que vous acquiescerés.*

Que ne me suis-je avisé de cette ingenieuse défaite lors que vous vous vantiés d'avoir formé *un party considerable contre l'Eglise Romaine en vous alliant avec les Petrobrusiens, les Vaudois, les Albigeois, les Vvicleffites, & les Hussites* : Que n'ay-je dit que vous aviés pris ces heretiques des derniers temps pour les Peres de la primitive Eglise, & que c'estoit une partie des bons autheurs que vous aviés fait parler contre nous ? Car enfin si vous avés eu droit de prendre Pierre de Brüis, Hus, & Vviclef pour vos garands, je pouvois pour le moins avec autant de raison faire voir la foiblesse de ces troupes auxiliaires en leur opposant saint Bernard, saint François, saint Thomas, Rupert, Alger, Hugues de saint Victor, & Thomas à Kempis.

[L]a réponse à [l'au]theur de la [perp]etuité, Trai[té] page 47.

Mais je vous avoüe tout ſimplement, Monſieur, que cette penſée ne m'étoit pas venüe dans l'eſprit, & que je n'euſſe jamais eu cette adreſſe, ſi vous ne me l'aviés appriſe; voila ce que vous vaut voſtre critique: Elle vous fournit des regles generales, pour dire tout ce qui vous plaiſt ſans vous engager à le prouver.

II. Vous blâmés ma negligence *au choix des livres dont j'ay tiré une partie de mes citations*, parce que je vous ai produit entre les Peres des premiers ſiecles, Magnes ſur la foy de Turrien, l'autheur du Sermon *de Cœnâ Domini* attribué à ſaint Cyprien ſur la foy d'Eraſme, l'Epitre qui porte le nom de ſaint Martial ſur la foy de Gaufridus, & l'hiſtoire de la Paſſion de ſaint André ſur la foy des actes publics. Vous ne deviés pas, Monſieur, me quereller là-deſſus: En les prenant pour arbitres je vous avois laiſſé la liberté de les recuſer; je vous avois dit que j'eſtois ennemy de la chicane, & que ſi ces autheurs ne vous eſtoient pas agreables, ils m'étoient encore moins neceſſaires. Ie pourrois meſme vous obliger à en recevoir quelques-uns, mais ayant un ſi grand nombre de Iuges, qui ſont ſans

Réponſe à la xiéme Reflex

L. cinqu'ém la preſence ch. 2. Page

reproche, il m'eſt indifferent que vous acceptiés ceux-cy, ou que vous ne les acceptiés pas, voſtre cauſe n'en ſera pas meilleure; vous ne laiſſerés pas pour cela de perdre voſtre procés.

onſe aux trois antes Refle- s.

12. Vos reflexions ſuivantes ſeroient plus conſiderables, s'il ſe trouvoit que j'euſſe corrompu mes Iuges, comme vous dites en cachant une partie de leurs expreſſions, & leur faiſant dire ce qu'ils n'ont pas dit: Mais cette accuſation eſt ſi mal-fondée, & les exemples que vous apportés d'Origene, de ſaint Auguſtin, & de Cabaſilas, en rendent la fauſſeté ſi viſible, que je m'étonne comment l'envie vous eſt venüe de les produire. Car ſans parler des deux premiers, que je reſerve à un autre temps, vous ne pouviés m'obliger davantage, qu'en me donnant occaſion de vous faire voir quel a eſté le vray ſens de Cabaſilas dans les paroles que j'ay citées. Ce point eſt decisif, & le témoignage de ce ſeul autheur, attirera avec luy tous les Grecs de quelque coſté qu'il tourne. Ma verſion porte. *Le Preſtre ayant participé aux choſes ſanctifiées ſe tourne vers le peuple & montrant les choſes ſaintes, appelle ceux qui deſirent y participer, & leur commande d'y venir avec crainte & avec foy, ne les mé-*

prisant point à cause de ce qui paroist exterieurement, ni ne doutant point que ce que l'on en croit, est pardessus la raison; mais que reconnoissant leur dignité, ils s'en approchent avec cette creance, qu'elles donnent la vie à ceux qui les reçoivent: Et eux montrant leur pieté & leur foy adorent & benissent, & reconnoissent IESUS-CHRIST *comme leur Dieu, qu'ils conçoivent estre en elles*, τὸν ἐν αὐτοῖς νοούμενον Ἰησοῦν. Et vous, Monsieur, touchant simplement la fin de ce passage vous traduisés ainsi: *Ils adorent & benissent, & celebrent comme Dieu* IESUS-CHRIST, *lequel ils entendent en elles*; pour donc vuider ce different il est question de sçavoir si Cabasilas a crû que le corps de IESUS-CHRIST estoit veritablement & réellement sous les especes du Sacrement, comme ma version le declare, ou s'il a crû qu'il y estoit seulement *entendu*, comme vous luy faites dire.

Or je montre manifestement, que vostre *entendu* n'est qu'un mal-entendu, s'il exclut comme vous pretendés, l'existence réelle de IESUS-CHRIST dans les choses saintes.

Car que peut-on dire de plus exprés pour la presence réelle, que ce que dit Cabasilas au traité de l'exposition de la Messe, d'où j'ay tiré le texte que vous me contestés? Voyés je vous prie comme il s'en explique : *Apres que le Prestre a fait le recit de la venerable Cene, & de la maniere que* IESUS CHRIST *la fit avec ses disciples, comme il prit la coupe, comme il prit le pain & sanctifia l'Eucharistie, & comme il dit les paroles par lesquelles il declara le mystere. Apres qu'il a luy-mesme prononcé ces paroles, il flechit les genoux, & se met en priere, & appliquant ces divines paroles du Fils unique de Dieu nostre Sauveur aux dons proposés, il le supplie que le pain soit par la reception de son esprit tres-saint & tout-puissant, converty en son propre corps saint & precieux, & le vin en son propre sang tres-pur & tres-saint. Cette priere estant faite, le sacrifice est achevé & parfait, les dons sont sanctifiés, l'hostie est entiere & parfaite, & l'on void cette grande victime qui est immolée pour le monde, posée sur la sainte table. Car* LE PAIN N'EST PLUS LA FIGURE DU CORPS DU SEIGNEUR, NI UN DON PORTANT L'IMAGE DU VRAY DON, NI EXPRIMANT COMME DANS UN TABLEAU LES SOUFFRANCES DU SAUVEUR : MAIS C'EST LE VRAY DON LUY-MESME, LE PROPRE CORPS DU SEIGNEUR QUI A

SOUFFERT TOUS CES OPPROBRES. *Pareillement le vin c'est le sang qui coula de ce corps meurtri & mis à mort. Enfin c'est ce sang & ce corps, formé par le saint Esprit, né de la sainte Vierge, enseveli, ressuscité le troisiéme jour, élevé au Ciel, assis à la droite du Pere. Qui fait foy de cela? luy-mesme a dit: cecy est mon corps, cecy est mon sang. Luy-mesme a commandé aux Apostres, & par eux à toute l'Eglise de faire cela. Faites cela, dit-il, en memoire de moy. Or il ne l'eust pas commandé s'il n'eust deu donner la puissance pour l'executer.* Marqués, Monsieur, ces paroles; elles sont essentielles, quand je les aurois moy-mesme inventées, elles ne me seroient pas plus avantageuses, ὁ γὰρ ἄρτος τοῦ κυριακοῦ σώματος οὐκέτι τύπος, le pain apres la consecration n'est plus le type du corps de Iesus C. l'entendés-vous? οὐδὲ δῶρον εἰκόνα φέρον τοῦ ἀληθινοῦ δώρου. Ce n'est plus un don qui porte l'image du vray don, où est donc vostre type? où sont vos locutions figurées? οὐδὲ γραφήν τινα κομίζον ἐν ἑαυτῷ τῶν σωτηρίων παθῶν ὥσπερ ἐν πίνακι, ce n'est plus un don portant en soy quelque peinture des souffrances de nostre Seigneur comme dans un tableau, ἀλλ' αὐτὸ τὸ ἀληθινὸν δῶρον, αὐτὸ τοῦ δεσπότου πανάγιον σῶμα τὸ πάντα ἀληθῶς δεξάμενον τὰ ὀνείδη, τὰς ὕβρεις. Mais c'eſt le vray don luy-meſme, le vray corps tres-ſaint du Seigneur meſme qui a veritablement ſouffert tous ces opprobres & ces injures. Donc j'ay eu raiſon de dire que *ceux qui communient en approchant des choſes ſaintes adorent & beniſſent, & reconnoiſſent comme Dieu* IESUS-CHRIST *qu'ils conçoivent eſtre en elles.* Car il y eſt veritablement, Monſieur, Cabaſilas le dit clairement, il n'eſt pas ſeulement entendu en elles, ce n'eſt pas aſſés dire, il eſt conceu & reconnu eſtre en elles; il eſt exiſtent en elles. *Ce pain, ce corps que l'on porte de la table, eſt le meſme qui paroiſtra un jour ſur les nuées aux yeux de tout le monde*, ὁ γὰρ ἄρτος οὗτος, τὸ σῶμα τοῦτο, ὅπερ ἐνθένδε ἀπὸ τῆς τραπέζης ἐκεῖ κομίζοντες ἥξουσι, τοῦτό ἐστιν ὅπερ ἀπὸ τῶν νεφέλων τοτὲ φανεῖται πᾶσιν ὀφθαλμοῖς. *Les villes n'ont que la figure du corps de leurs bien-facteurs par le moyen des images; mais de cette oblation nous n'avons pas ſeulement le type du corps mais le corps meſme du Seigneur*, καὶ διὰ μὲν τῶν εἰκόνων αἱ πόλεις τὸν τύπον μόνον τοῦ σώματος ἔχουσι τῶν εὐεργετῶν, ἡμεῖς δὲ ἀπὸ τῆς προσαγωγῆς ταύτης οὐ τὸν τύπον μόνον τοῦ σώματος ἔχομεν ἀλλ' αὐτὸ τὸ σῶμα τοῦ ἀριστέως. *Le Seigneur ne nous a pas ſeulement envoyé le ſaint*

sila orat. 4. a in Christo.

la in inter- Missæ c. 25.

saint Esprit, pour demeurer avec nous : mais il nous a promis d'y demeurer luy-mesme jusques à la consommation du siecle. Mais le saint Esprit est present sans estre visible, parce qu'il n'a point de corps : au lieu que nostre Seigneur est veu, & souffre qu'on le touche par les redoutables & sacrés mysteres, comme ayant pris nostre nature, & la portant à jamais. ὁ δὲ κύριος καὶ ὁρᾶται καὶ ἁφῆς ἀνέχεται διὰ τῶν φρικτῶν καὶ ἱερῶν μυστηρίων, ὡς ἂν τὴν ἡμετέραν φύσιν καὶ δεξάμενος, καὶ φέρων εἰς τὸν αἰῶνα. *Il est luy-mesme celuy qui sacrifie, celuy qui offre, & la victime & le sacrifice. Et parce que d'un million de Sacrificateurs & de sacrifices qui ont esté depuis le commencement du monde, il ne s'est pas trouvé un seul Sacrificateur ny une seule victime, qui fust digne de Dieu, il falloit qu'à la fin des siecles on nous fist voir un vray Prestre & une pure victime.* τὸν ἀληθινὸν ἱερέα, καὶ τὸ καθαρὸν ἱερεῖον.

Avoüés donc, Monsieur, que ma version est fidelle, & que j'ay touché le vrai sens du texte de Cabasilas. Avoüés que n'ayant pas bien compris sa pensée, vous ne l'avés renduë qu'à demi : vous en avés laissé la plus considerable partie. Avoüés que cet Autheur est indubitablement à nous, & tous les plus celebres Autheurs de la Grece avec luy.

H

nse à la di-
ne Reflexion.

13. Ce seul texte, que je viens de justifier, détruit vostre dixiéme reflexion, & fait voir clairement que mes *réponses ne sont point illusoires*; mais qu'elles découvrent en effet l'illusion de vos preuves d'une maniere plus forte que vous n'auriés souhaité. Car vous voyés, Monsieur, que Cabasilas parle bien autrement du pain apres la consecration, qu'il ne faisoit auparavant. Avant la consecration le pain n'est que le type du corps de IESUS-CHRIST, & la matiere du Sacrement. C'est pourquoy vous pouvés dire pour lors que c'est encore de vrai pain selon les Peres, & nous le disons avec vous : Mais apres la consecration ce n'est plus *le type du corps de* JESUS-CHRIST, *mais le corps mesme*. οὐκέτι τύπος; ce n'est plus l'image du vrai don, mais *le vrai don luy-mesme*. Et si vous en parlés autrement, j'ay raison de dire que vous en parlés trop bassement, & que vous estes bien éloigné du sentiment des Peres : car ce qu'ils disent du pain avant la consecration, à sçavoir *que c'est du blé, du froment, un aliment qui rassasie le ventre*, vous l'appliqués au Sacrement apres la consecration, par un insigne abus & renversement de leurs pensées. Et si cela est ve-

ritable, où est vostre premiere demonstration, que vous n'appuyés que sur cette équivoque ? où sont toutes les autres, qui ne subsistent que sur un fondement si caduque ?

Vous jugés bien, Monsieur, que ma réponse *n'est point illusoire*, mais au contraire qu'elle est conforme au sentiment de Cabasilas, & à la doctrine des anciens. Ie le verifieray encore plus particulierement apres que j'auray leu vostre Livre ; car je fais estat d'y donner toute l'application qu'il merite, & toute l'attention que l'interest de ma propre défense peut exiger.

14. Il ne me reste plus qu'à satisfaire à la plainte que vous faites de ma simplicité, disant que je me suis mépris, & que *je vous impute de croire des choses que vous ne croyés pas.*

Réponse à l'o[...] me Reflexion

I'avois leu dans vostre Réponse à la Perpetuité de la Foy, *que les saints Peres établissent le témoignage des sens comme certain & infaillible*. Et plus bas, *que dans toute cette dispute du témoignage des sens ils n'ont jamais excepté le Sacrement de l'Eucharistie ; au contraire qu'ils ont établi la fidelité de ce témoignage en ce qui concerne mesme le Sacrement*. I'avois remarqué dans un autre endroit, *que la premiere*

1. Part. ch. [...] ge, 108. & de la Réponse [...] Perpetuité.

Ch. 3. de l[...] part. page [...] & 79.

authorité qui se declare contre celle de Rome, est celle de nos sens, à qui Dieu a donné l'intendance, la dispensation, & la jouyssance de toutes ses œuvres. Et un peu apres, *que les lumieres les plus communes & les plus naturelles de la raison rejettent ces dogmes, tant à cause de leurs consequences inouyes, que pour les contradictions qu'ils envelopent, & sur tout parce qu'ils sont d'eux-mesmes inconcevables.* Ie m'estois persuadé ensuite que vous vouliés établir les sens & la raison juges de nos doctrines touchant l'Eucharistie, & que vous rejettiés tous les mysteres qui estoient inconcevables à la raison naturelle. Desabusés-moy, si je me suis trompé. Ie vous en seray obligé.

Vous m'assurés à present dans vos reflexions, *que vous ne croyés pas que les sens doivent estre les juges du mystere de l'Eucharistie, & que pas un de vous ne l'a jamais dit.* Ie reçois cette declaration avec toute la joye que vous pouvés vous figurer. Vous adjoûtés *que vous ne croyés pas non plus que la seule raison naturelle doive connoistre de ce mesme mystere.* Ie n'ay garde de contredire un sentiment si raisonnable. Vous m'assurés encore, *qu'on ne m'a jamais dit que l'Eucharistie n'est que du pain, ou qu'elle n'est qu'une ſimple figure du corps de* IESUS-CHRIST: *mais que vous croyez au contraire que nous y recevons la choſe meſme, le corps & le ſang de noſtre Redempteur, l'unique victime offerte pour nous.* Ie dois juger que vous le dites ſincerement, & que vous n'eſtes plus gueres éloigné du Royaume de Dieu. Faites ſeulement encore un pas, & nous ſommes tous d'accord. Tirés avec moy ces conſequences, qui ne ſont que des ſuites naturelles de vos principes.

Premiere conſequence. Les ſens ne doivent pas eſtre les juges du myſtere de l'Euchariſtie. Ils ne jugent, ſelon vous, que *des choſes ſenſibles.* Ils ne jugent donc que des accidens du pain, c'eſt à dire, de la couleur, de la ſaveur, de la figure; car il n'y a que ces accidens qui ſoient ſenſibles: la matiere & la forme du pain ne le ſont pas. Donc ils ne peuvent pas juger, qu'apres la conſecration la ſubſtance du pain, qui eſt compoſée de la forme & de la matiere, demeure, mais ſeulement les accidens, qui ſont des choſes ſenſibles.

Seconde conſequence. Il eſt certain que la ſeule raiſon naturelle ne doit pas connoiſtre du myſtere de l'Euchariſtie, & qu'on *ne la doit écouter*, ſelon vous, *que dans les choses que sa lumiere nous découvre evidemment.* Or la lumiere de la raison ne nous peut découvrir evidemment quel est le changement qui se fait du pain au corps de IESUS-CHRIST, s'il est reel ou non, si IESUS-CHRIST est present reellement, ou s'il ne l'est pas. Cela est au dessus de la raison, disent les Peres, & vous ne le pouvés ignorer. Donc elle ne peut connoistre de la transsubstantiation ny de la presence reelle; & quand vous la faites parler de ces mysteres, on ne la doit pas écouter.

Troisiéme consequence. Il est constant par vostre aveu, que l'Eucharistie n'est pas de simple pain ny mesme une simple figure du Corps de IESUS-CHRIST, mais *une figure qui est toûjours accompagnée de la verité qu'elle represente*, c'est à dire du vrai Sang & du vrai Corps de IESUS-CHRIST; donc le vrai Corps & le vrai Sang de IESUS-CHRIST y sont presens: car s'ils en estoient absens, assurement elle en seroit mal accompagnée.

Quatriéme consequence. *Vous avoüés que l'ame Chrestienne seroit bien mal-heureuse, si elle ne recevoit en la Communion qu'une vaine image, puisqu'une image n'est pas la cause de nostre salut, ny celle de nostre consolation: Vous confessez que nous y receuons la chose mesme, le Corps & le Sang de nostre Redempteur, l'unique Victime offerte pour nos pechez* : donc il faut qu'il y soit luy-mesme : car s'il n'y estoit pas, nous ne l'y prendrions pas, nous ne l'y recevrions pas. On ne prend en un thresor que ce qu'on y trouve, on n'y reçoit que ce qui y est : je reçois en la Communion le vrai Corps de IESUS-CHRIST, il y est donc. Ie m'unis reellement à luy en le recevant, & il s'unit reciproquement à moy : il est donc reellement present à moy & moy à luy. Et ne me dites pas que je le reçois & m'unis à luy par la Foy, encore qu'il soit absent, & qu'il ne soit en effet que dans le Ciel. Car s'il est uni reellement à moy, il est aussi reellement present, & comme c'est l'absence qui nous separe, c'est aussi la presence qui nous unit. Vous estes trop éclairé, Monsieur, pour ne voir pas la verité de ces conclusions, trop sincere pour la detenir en injustice, trop genereux pour la dissimuler. Signés ces Articles, la Paix est faite ; vous estes nostre, & moy je suis sans reserve,

MONSIEVR,

A Paris le 1. d'Oct. 1668.

Vostre tres-humble & tres-obeïssant serviteur, I. NOÜET.

www.ingramcontent.com/pod-product-compliance
Lightning Source LLC
LaVergne TN
LVHW010044230826
846091LV00005B/1863

* 9 7 8 2 0 1 9 9 4 4 3 5 3 *